DE LA CRÉATION

D'UNE

BIBLIOTHÈQUE MILITAIRE

PUBLIQUE.

DE LA CRÉATION

D'UNE

BIBLIOTHÈQUE MILITAIRE

PUBLIQUE,

PAR

ED. DE LA BARRE DUPARCQ,

CAPITAINE DU GÉNIE.

PARIS,

LIBRAIRIE MILITAIRE, MARITIME ET POLYTECHNIQUE
DE J. CORRÉARD,

LIBRAIRE-ÉDITEUR ET LIBRAIRE-COMMISSIONNAIRE,
Rue Christine, 1.

1849.

DE LA CRÉATION

D'UNE

BIBLIOTHÈQUE MILITAIRE

PUBLIQUE.

INTRODUCTION.

Nécessité de la création proposée.

L'inventeur de l'imprimerie a rendu aux lettres un immense service en donnant le moyen d'améliorer et de multiplier les éditions des ouvrages anciens et modernes. Lorsqu'il n'y avait que des manuscrits, le savant passait vingt années de sa vie à composer son fonds de science et à réunir les éléments de son portefeuille, car, ne pouvant posséder en propre de si volumineux et coûteux rouleaux, il était obligé de procéder par extraits. Dès qu'il y eut des imprimés, il devint plus facile de se créer une bibliothèque, de l'avoir sous la main, et dès lors l'homme de lettres ne fut plus contraint de recourir à de prolixes extraits , il put se contenter de simples notes relatant qu'à telles pages de tels livres il retrouverait tels passages. C'était un pas gigantesque, qui devint surtout sensible et produisit de bons résultats dès le XVIe siècle, aussitôt qu'il exista des éditions imprimées et correctes des auteurs classiques.

Le progrès eût été encore plus réel si les savants, si les littérateurs se fussent trouvés aussi favorablement partagés sous le rapport de la fortune que sous le rapport du talent ; mais il en était rarement ainsi, rarement ils avaient assez d'argent pour se procurer une bibliothèque suffisante, malgré le plus facile accès des livres depuis qu'on les imprimait. Heureusement quelques grands seigneurs d'élite, Mécènes intelligents, ouvraient aux hommes de lettres les portes de leurs riches bibliothèques.

Aujourd'hui , à notre époque démocratique, où il n'y a plus, où il ne peut plus, dit-on, y avoir de grands seigneurs, c'est l'État qui doit les remplacer, c'est l'État qui doit mettre ses bibliothèques à la disposition des hommes studieux, aussi pauvres actuellement que sous l'ancien régime, aussi incapables, aujourd'hui que jadis, d'acheter, malgré le bas prix des livres, les 2,000 volumes qui seuls peuvent constituer un véritable fonds de bibliothèque.

Je dis à dessein que l'État *doit* ouvrir ses bibliothèques au public, et en créer de nouvelles si celles qui existent ne sont pas suffisantes. Les grands seigneurs. dont je parlais ci-dessus, agissaient par pure bienveillance, en mettant leurs collections à la disposition des gens de lettres, car rien ne les y forçait, si ce n'est la louable pensée de faire bon usage de leurs richesses; mais il n'en est pas ainsi du gouvernement d'un pays libre. Ce gouvernement n'a pas uniquement pour mission de faire de la politique et d'administrer, c'est-à-dire d'assurer à ses concitoyens la tranquillité et la nourriture nécessaires au corps : il faut encore qu'il songe à satisfaire les besoins de l'intelligence, à occuper d'une manière utile l'activité des esprits; c'est son premier devoir et son intérêt, car aujourd'hui tout gouvernement qui dédaigne les intelligences et s'appuie exclusivement sur les intérêts matériels, se trouve tôt ou tard débordé et renversé par la réaction des intelligences momentanément comprimées sous le positivisme des idées prédominantes.

Or, un des meilleurs moyens de donner des aliments à l'intelligence de tout le monde, c'est l'ouverture des *bibliothèques publiques*, où chacun peut venir gratis nourrir son esprit par de bonnes lectures.

Les bibliothèques publiques se sont, depuis une vingtaine d'années, très-multipliées en France, et celles qui existaient ont singulièrement accru leurs richesses; un simple renseignement statistique le prouvera plus péremptoirement que maints détails diffus : il existe aujourd'hui dans cent villes françaises environ des bibliothèques contenant chacune plus de 10,000 volumes. Bordeaux possède 110,000 volumes : c'est la plus forte bibliothèque de province. Paris renferme plusieurs bibliothèques publiques dont la plus riche, la *Bibliothèque nationale*, n'a pas moins de 900,000 volumes imprimés et 80,000 manuscrits : c'est la plus considérable de l'Europe.

Je ne veux pas examiner ici si ces bibliothèques, surtout celles de Paris qui sont naturellement les plus suivies, ont la meilleure organisation possible, c'est-à-dire l'organisation qui, tout en veillant avec soin à la conservation des livres, faciliterait au public, au service duquel elles sont sans doute exclusivement consacrées, toutes les recherches qu'il peut avoir besoin de faire, toutes les lectures qui peuvent, par un motif quelconque, lui sourire et le tenter. Je m'abstiendrai donc de discuter si le prêt au dehors ne devrait pas se trouver soumis à certaines restrictions ; — s'il ne conviendrait pas de chercher, avec la plus minutieuse attention, tout livre demandé, qu'il le soit par un inconnu aussi bien que par un ami ; — si les conservateurs ne devraient pas guider avec complaisance les lecteurs dans le labyrinthe de leurs recherches, en mettant à leur disposition la science bibliographique et littéraire qu'ils possèdent, avec cette gracieuse aménité et cette largeur de communications qui, proscrivant toute cachoterie, sont le véritable indice d'un talent supérieur ;— si la section des manuscrits ne devrait pas être plus abordable, et si *tous* les manuscrits ne pourraient pas, au moins pendant les heures de lecture publique, être consultés par les lecteurs, même par ceux dont l'intention serait de faire une publication rivale de publications entreprises par les employés, ou par des littérateurs se trouvant avec eux en liaison de camaraderie ; enfin — s'il ne faudrait pas en ouvrir quelques-unes (1) le soir, comme la bibliothèque Sainte-Geneviève. L'examen de ces différentes questions, quelque intérêt qu'il puisse présenter, me mènerait trop loin et ne se rattacherait d'ailleurs que d'une manière indirecte au sujet de cet écrit.

Je veux en effet *démontrer la nécessité de la création d'une bibliothèque militaire publique à Paris :* peu

____

(1) Je dis quelques-unes et non pas *toutes.* A Paris, en effet, ville de luxe et de plaisirs, où l'on dépense autant le soir que dans la journée, et dans laquelle mille industries ont besoin de ce public ambulant, sémillant, fantasque, composé de tous les mortels français ou étrangers qui ont des loisirs à promener, et qui sèment l'argent pour occuper ces loisirs, — il pourrait être dangereux d'ouvrir le soir un grand nombre de bibliothèques. Le public dont il vient d'être question doit rester, aux yeux de l'homme d'État, une *indispensabilité,* car nul mécanicien ne serait assez habile pour inventer une machine qui pût dignement le remplacer pour la circulation de l'argent, cette *pierre philosophale* des temps modernes : il est donc d'une bonne administration de ne pas chercher à le diminuer, et certes l'ouverture des bibliothèques le soir dans les quartiers des plaisirs pourrait lui enlever quelques individus. Mais il est des quartiers où cet inconvénient n'est nullement à craindre, et ce serait une grande amélioration que d'ouvrir le soir aux lecteurs studieux la *Bibliothèque de l'Arsenal* et la *Bibliothèque de la Ville.*

importe donc que je donne un plan d'organisation général pour toutes les bibliothèques publiques, pourvu que j'indique comment j'entends organiser la nouvelle bibliothèque dont je propose la fondation.

Commençons par justifier cette proposition.

A Paris tous les arts, toutes les sciences, sont professés publiquement soit dans des Facultés, soit au Collége de France, soit dans des Muséums, soit dans des Conservatoires : presque tous possèdent une bibliothèque spéciale publique. L'art militaire, la science de la guerre sont seuls exceptés. Pourtant la France leur doit une bonne partie de sa gloire, et, au moment encore où j'écris, les étrangers nous considèrent, — à tort ou à raison, — comme les *oracles* de la science militaire : le mot n'est pas de moi, mais d'un ingénieur militaire anglais, *John Jones*. On s'explique donc mal comment il n'y a pas à Paris, dans un de nos grands établissements scientifiques, au Collége de France par exemple, une chaire militaire.

Quoi, me dira-t-on, vous voudriez sérieusement que l'on professât publiquement à Paris l'art militaire ? mais, si nous avons réellement des procédés supérieurs, c'est le meilleur moyen de les faire connaître aux étrangers : qu'on les enseigne dans nos écoles militaires, rien de mieux, mais qu'ils n'en franchissent pas le seuil. Et d'ailleurs croyez-vous qu'un cours d'art militaire exciterait assez en France l'intérêt public, pour qu'on pût trouver à Paris un nombre respectable d'auditeurs ?

Je répondrai d'abord que les cours d'art militaire de nos écoles professés publiquement n'enseigneraient pas grand'chose aux étrangers, parce que ce n'est guère là que l'on apprend les hautes parties de l'art de la guerre, les seules auxquelles il pourrait être dangereux de donner le grand jour de la publicité. D'ailleurs ce n'est pas précisément un cours d'art militaire, mais plutôt un cours d'histoire militaire que je voudrais voir installé au Collège de France ou ailleurs, et nul doute qu'il éveillerait l'attention publique à un assez haut degré pour réunir autant d'auditeurs que maints cours de nos diverses Facultés. Eh quoi ! parmi les nations guerrières, la France tient un haut rang ; la gloire de ses armes est immense ; rarement il s'est tiré un coup de canon dans le monde sans qu'on y vît un Français ; — et nous n'avons pas une seule chaire, une seule tribune, ou quelque voix puissante redise journellement les exploits des enfants du pays ! C'est vraiment de l'ingratitude. —En outre n'est-il pas évident, pour tout homme qui se donne la peine de réfléchir, qu'un cours public d'histoire militaire, dans lequel on insisterait spécialement sur l'histoire militaire des Français, aurait une influence avantageuse sur le développement de l'esprit militaire de la nation, au dépérissement duquel il est important de s'opposer, aujourd'hui surtout plus que jamais.

A défaut d'une histoire militaire orale de notre beau pays et de ses braves enfants, ayons du moins une histoire écrite : nous verrons ensuite à la populariser par des éditions à bon marché. Mais il n'est pas encore possible aujourd'hui de composer d'une manière exacte et complète une bonne *Histoire militaire des Français*: il faut auparavant que l'on compulse tous les documents anciens et modernes qui existent ; il faut que l'on publie des mémoires, des résumés, des histoires partielles, que l'on fasse en un mot pour l'histoire militaire ce qui a été fait depuis un siècle pour les autres histoires.

Le meilleur moyen de favoriser ces travaux historiques successifs qui me semblent, je le répète, avoir une utilité réelle, c'est de fonder, d'ouvrir au public lettré une bibliothèque spéciale exclusivement consacrée à l'histoire et à la science militaires.

Je demande la création d'une Bibliothèque militaire spéciale, parce que les bibliothèques existantes sont tout à fait insuffisantes sous ce rapport.

En effet, prenons pour exemple la plus considérable des bibliothèques publiques de Paris, la *Bibliothèque nationale*. Certes, les livres qui ont trait à la science militaire s'y trouvent pour le plus grand nombre, mais soit défaut des catalogues, soit apathie dans le service des employés, du reste assez pénible sous certains rapports, il est difficile de se les procurer. Ajoutez à ces causes le peu de connaissances des conservateurs, tous littérateurs ou érudits, en fait de bibliographie militaire, l'une des plus étendues, et la multiplicité des prêts au dehors, et vous verrez pulluler les causes qui s'opposent à ce qu'on obtienne en général les livres militaires que l'on y demande. A fortiori, en est-il ainsi dans les autres bibliothèques parisiennes bien moins approvisionnées en livres de science.

Je veux, pour l'édification du lecteur, raconter ici l'histoire d'une petite recherche qui ne peut qu'influer en bien sur la cause que je plaide, à savoir qu'il est souvent difficile de pouvoir consulter, dans les bibliothèques publiques de Paris, les ouvrages militaires dont on a besoin.

L'*Histoire générale des guerres*, par le chevalier d'*Arcq*, est un ouvrage très-connu et même assez commun, car on le trouve souvent dans les boîtes des bouquinistes, tantôt à 2 fr., tantôt à 3 fr. le volume, rarement au-dessus de ce dernier prix. Imprimé dans le format in-4°, il n'en a, je crois, jamais paru que deux volumes, le premier daté de 1756, le second de 1758. Le *Discours préliminaire*, qui commence le premier volume, est un morceau intéressant et méritant d'être médité : je voulais le relire. Je m'adressai d'abord à la *Bibliothèque de l'Arsenal ;* on me répondit qu'on n'avait pas l'*Histoire générale des guerres* : même réponse à la *Bibliothèque Mazarine*, et en effet, je pus voir qu'il ne figure pas au catalogue. Je me rendis alors à la *Bibliothèque nationale* où j'espérais être plus heureux. J'écrivis mon bulletin fort correctement et je le présentai au conservateur qui occupait le bureau. — *Recherche*, dit-il, et le garçon de plonger mon bulletin de demande dans la boîte aux recherches. Après un quart d'heure environ, le bulletin revint orné de ce précieux renseignement : *manque*. Je quittai la Bibliothèque, mais sans me tenir pour battu : je savais en effet par expérience que les bibliothèques publiques sont comme les jolies femmes, qu'elles ont des caprices, et que ce qu'elles refusent un jour elles l'accordent quelquefois le lendemain. Je revins donc plusieurs jours après, et j'attendis que le bureau fût occupé par un autre conservateur que la première fois, ce qui me fut facile à reconnaître. J'écrivis mon bulletin avec une scrupuleuse exactitude, sic : *Histoire générale des guerres par le chevalier d'Arcq, 2 tomes in-4°,* 1756, 1758, et je le remis au conservateur en lui faisant remarquer que, d'après l'orthographe du nom, l'ouvrage pourrait se trouver à l'A ou au D. Il fit un signe autour du nom de l'auteur, et mon bulletin revint presque aussitôt avec une lettre et un chiffre indiquant sa série et sa place. J'espérai enfin que j'allais avoir entre les mains l'ouvrage objet de ma demande, et je réfléchis que la première fois j'avais été un étourdi de ne pas insister sur l'orthographe du nom, parce qu'alors j'aurais immédiatement obtenu ce que je désirais. Mais je comptais sans le *prêt* à l'extérieur, et mon bulletin me rapporta bientôt ce nouveau renseignement : *absent.* On voit que s'il n'y avait pas réussite, au moins il y avait progrès, car cette seconde fois j'étais moralement sûr que l'ouvrage existait dans la bibliothèque. Ce progrès me disait de persister, et en effet c'eût été jouer de malheur que de ne pas obtenir la troisième fois l'*Histoire*

générale des guerres. Puis-je espérer, dis-je au conservateur, qu'en revenant dans quelque temps, je trou-
verai cet ouvrage rentré. — Oui, monsieur, me ré-
pondit-il, dans un mois, c'est très-probable. — Je revins six semaines après avec le bulletin indicateur que
j'avais conservé et le présentai derechef au bureau
avec explications. On le remit à un employé qui, après
plus d'une demi-heure, vint assurer que, malgré ses
recherches aux endroits indiqués, il ne trouvait rien.
Je me permis alors de dire au conservateur que c'était
la troisième fois que je demandais cet ouvrage, qu'il
n'était pas rare et sans doute en double dans la Bibliothèque, qu'il ne pouvait d'ailleurs être continuellement sorti, et que j'avais lieu d'être étonné de ne jamais le rencontrer, ajoutant en riant que j'étais vraiment malheureux à l'égard de l'*Histoire générale des
guerres,* car déjà je m'étais adressé en vain aux bibliothèques de l'Arsenal, Mazarine et du Louvre. Il me fut
répondu très-poliment que si l'ouvrage ne se trouvait
pas c'est qu'il était *égaré.* Ainsi j'avais parcouru successivement les trois phases du refus, parfaitement ca-
ractérisées par ces trois mots significatifs et bien usi-
tés dans nos bibliothèques publiques, *manque, absent,
égaré.* Il n'y avait pas moyen d'insister, et je renonçai
à une demande poussée si loin uniquement pour savoir
au juste à quoi m'en tenir.

Le fait est réel et je l'ai surtout raconté, parce que
portant sur un ouvrage qui, bien que rédigé par un militaire et au point de vue militaire, n'en appartient pas

moins essentiellement par son contenu à la catégorie
de l'histoire, il indique qu'on trouve difficilement, dans
les bibliothèques publiques, même des ouvrages connus
de tout le monde. On peut juger par là du peu de chan-
ces que l'on a d'y obtenir en communication des ouvrages plus rares, ou appartenant à une spécialité scien-
tifique (1), à la spécialité militaire par exemple. Je
m'abstiendrai donc de tout autre exemple, regardant
celui-là comme assez péremptoire pour démontrer l'insuffisance des bibliothèques publiques existantes au
point de vue des travaux militaires. Cette insuffisance
justifie la création d'une *Bibliothèque militaire publique* que je propose d'instituer à Paris.

Avant de passer outre, il faut que je réponde à une ob-
jection, car j'entends un interrupteur qui me crie : Paris n'est pas dépourvu de semblables bibliothèques, vous
oubliez les bibliothèques du *Dépôt de la guerre*, du *Dépôt d'artillerie*, du *Dépôt des fortifications*, etc. Il est

---

(1) « Je le déclare avec naïveté, dit un écrivain bibliophile, depuis
quelque vingt ans que je fréquente la Bibliothèque du roi, je n'y ai pas
trouvé la moitié, pas le quart, pas la vingtième partie des livres qui
m'étaient nécessaires, et néanmoins ces livres y ont été, y sont ou y
doivent être... — On peut définir ainsi la Bibliothèque du roi dans son
état actuel : Un vaste cabinet de lecture où 600 personnes viennent
chaque jour, de dix heures du matin à trois heures de l'après-midi,
lire gratuitement les livres usuels, qu'on lit dans un salon littéraire
moyennant 30 centimes par séance. » *Réforme de la Bibliothèque du
roi*, par M. PAUL LACROIX (*bibliophile Jacob*), Paris, 1845, in-12, pages 17
et 83.

vrai, ces bibliothèques existent, et, tenues en général avec soin, elles renferment tous les ouvrages spéciaux et de nombreux manuscrits, mine inexploitée où reposent peut-être les secrets des gloires et des revers de la France; mais elles ne sont nullement publiques, les officiers seuls y abordent quelquefois assez facilement. Or, ce que je demande, c'est une bibliothèque essentiellement militaire par le fond, mais où tout le monde soit admis, quels que soient ses fonctions, son état, son métier : il n'existe donc rien de semblable.

Une fois la nécessité de la création admise, occupons-nous un peu de l'organisation de notre bibliothèque.

§ Ier.

MATÉRIEL.

Parmi les différents objets qui constituent le matériel
d'une bibliothèque, je me bornerai à considérer avec
détails les livres. Quels seront les livres qui composeront la bibliothèque publique proposée? A quel titre les
ouvrages y seront-ils admis? Prendrons-nous tous les
ouvrages dont le titre annonce un sujet militaire et ne
prendrons-nous que ceux-là? Non, sans doute; ce
moyen, qui serait tout au plus bon pour un collection-
neur, nous exposerait à trop de mécomptes. Nous nous
laisserons guider dans nos choix par une classification
que nous allons nous efforcer de rendre aussi complète
que possible sans cependant la baser sur des considérations purement scientifiques.

Pour cela divisons simplement la science militaire en
quatorze groupes, et procédons à leur sommaire énon-
ciation suivant l'ordre alphabétique.

1. Administration.

Service des subsistances, de l'habillement et de l'équipement, en temps de paix et en temps de guerre. — Lits militaires. — Chauffage. — Éclairage. — Organisation des routes et étapes. — Solde. — Surveillance des hôpitaux. — Actes de l'état civil en campagne. —Comptabilité des corps et établissements militaires.

L'administration est la science-mère des armées qui sans elle ne pourraient subsister. Lorsqu'elle est inexacte, négligente, paperassière, les troupes dont elle doit assurer l'entretien, fondent en un clin d'œil décimées par les maladies : lorsqu'elle agit au contraire avec fermeté, promptitude et vigilance, les soldats qu'elle nourrit et qu'elle habille sont doués d'une énergie qui permet d'accomplir les plus grandes choses. Les succès à la guerre dépendent donc d'une bonne administration : aussi l'étude de cette science, à laquelle tous les généraux célèbres ont accordé une grande attention, doit-elle faire partie de l'instruction militaire. C'est pourquoi les livres qui traitent d'administration occuperont une place importante dans les rayons de la *Bibliothèque militaire publique* dont la création à Paris fait l'objet de cet écrit.

Parmi les subdivisions de ce premier groupe, indiquées ci-dessus en italique, je signalerai spécialement les *Actes de l'état civil en campagne*, comme ayant une importance réelle quoique peu remarquée. En temps de guerre les intendants militaires sont en effet les *notaires* des armées, et l'on peut voir, dans un ouvrage de *Sainte-Chapelle* (1), avec quel soin ils en remplirent les fonctions pendant les guerres de l'Empire, malgré les innombrables perturbations produites dans les effectifs par les maux inséparables de l'état de guerre.

2. Art du Général.

Considérations sur l'art et l'histoire militaires de tous les peuples. — Philosophie et politique de la guerre. — Grandes opérations stratégiques et tactiques. — Batailles et combats. — Conventions militaires, armistices, traités de paix.

Je me borne à énoncer dans le titre de ce groupe quelques-uns des objets qui sont plus spécialement du ressort du général en chef : si je voulais en effet indiquer ici toutes les catégories des différents livres qu'un général peut avoir besoin de consulter, il me faudrait reproduire, à peu de chose près, les titres des quatorze groupes dans lesquels je partage la science militaire, parce que celui qui commande doit posséder en partie le savoir de ceux qui sont sous ses ordres.

---

(1) La patrie et l'armée. — II⁰ partie, livre 3, *de l'État civil de la force armée.*

3. Artillerie.

Fabrication et entretien des armes, projectiles et voitures. — Fabrication et conservation de la poudre de guerre. — Balistique. — Chimie militaire et pyrotechnie. — Service dans les siéges et en campagne. — Service des pontonniers.

Relativement aux subdivisions de ce groupe, il faut remarquer que la bibliothèque proposée devra contenir tous les livres y relatifs publiés depuis l'invention de la poudre : nulle science militaire en effet ne peut profiter, plus que l'artillerie, des enseignements révélés par les essais primitifs, même lorsqu'ils sont bizarres et informes.

Quant aux ouvrages qui traitent de l'artillerie antique, leur présence n'est utile ici qu'à titre de curiosité : ces ouvrages sont d'ailleurs en petit nombre.

Je comprends dans le groupe de l'artillerie le service des pontonniers, qui sont chargés en campagne de jeter les ponts de bateaux avec des équipages de ponts préparés à l'avance et conduits à la suite des corps d'armée, parce que dans l'armée française actuelle les pontonniers font partie du corps de l'artillerie ; mais l'on sait qu'il a déjà été proposé de faire, comme cela existe en Prusse et en Russie, passer les pontonniers dans le corps du génie qui construit en campagne toutes les autres espèces de ponts.

A. Cavalerie.

*Hippiatrique. — Équitation. — Remontes. — Manœuvres et
escrime à cheval. — Service en campagne. — Spécialité des
guides. — Art vétérinaire.*

La selle ne commença à être en usage qu'à la fin du
IVᵉ siècle de notre ère, et les étriers ne furent adoptés
qu'au VIᵉ siècle : l'absence de ces deux accessoires éta-
blit de sensibles variations entre l'équitation antique et
l'équitation moderne. Pourtant, comme l'équitation ne
forme pas toute la science de la cavalerie, des notions
sur la cavalerie antique peuvent encore être utiles aujourd'hui : il n'est pas indifférent en effet pour un cavalier de connaître, malgré cette différence notable, les
causes qui firent jadis la supériorité des cavaleries thes-
salienne, numide et gauloise sur toutes les autres.
Nous aurons donc dans notre bibliothèque les livres
qui traitent de la cavalerie des anciens peuples. A fortiori y mettrons-nous les ouvrages concernant la cavalerie ou chevalerie du moyen âge, puisque, à cette époque, cette arme avait une prééminence exclusive que
dénotait, il y a peu d'années encore, le titre de *maîtres*
donné aux soldats de la cavalerie française.

Je classe dans ce groupe la spécialité des guides,
parce que les régiments de guides, quoique uniquement affectés au service des états-majors, n'ont rien de

bien caractéristique qui les distingue des régiments de cavalerie légère.

Enfin je considère *l'art vétérinaire* comme une annexe du groupe de la cavalerie, parce que cet art, si important au point de vue de l'économie des finances publiques qu'il ménage par la conservation des chevaux, doit puissamment influer sur le service intérieur de la cavalerie en indiquant les meilleures bases à suivre dans l'alternative du travail et du repos, pour obtenir, en faveur des chevaux, les conditions d'hygiène les plus favorables possible.

5. État-major.

Logistique. — Stratégie. — Tactique des trois armes. — Organisation des armées. — Transmission des ordres. — Proclamations. — Rédaction des bulletins.

Le corps d'état-major, créé en 1818, se trouve spécialement chargé de la centralisation du commandement : il est la plume et le bras du général en chef et des généraux d'infanterie et de cavalerie. Ses fonctions peuvent donc plus ou moins s'élargir suivant les vues des officiers généraux de l'armée : aussi faut-il que son instruction soit vaste et solide, que sa conception soit prompte et son coup d'œil juste et perçant. Un officier d'état-major doit avoir des notions étendues sur les diverses branches de la science militaire, sans exception, c'est pourquoi je n'ai compris dans le titre de ce groupe que ce qui se rapporte à ses fonctions les plus ordinaires.

6. Gendarmerie.

Police civile et militaire. — Service à pied et à cheval.

Quelques-unes des personnes qui me feront l'honneur de lire ces pages, seront peut-être surprises de me voir envisager le service de la gendarmerie comme une des branches de la science militaire : deux raisons m'y ont principalement déterminé : la première, c'est que la gendarmerie, quoique presque exclusivement affectée à un service civil, est un corps essentiellement militaire, recruté parmi les soldats d'élite, admirablement monté, et qui pourrait en temps de guerre rendre de bons services comme cavalerie de ligne : la seconde repose sur ce que la gendarmerie fait près des armées la même police qu'à l'intérieur du pays ; de plus il me semble qu'à l'armée les fonctions de *guides* devraient être dévolues aux gendarmes, parce que l'on confierait ainsi des fonctions toutes de confiance à un corps déjà éprouvé et dont l'organisation est excellente.

7. Génie.

Construction et entretien des places fortes et des bâtiments militaires. — Travaux divers d'attaque et de défense des places. — Fortification passagère. — Ponts. — Construction des routes et improvisées. — Castramétation.

La science du Génie militaire possède des relations

intimes de connexité avec la stratégie; car la guerre défensive en rase campagne peut être regardée comme la défense d'une place forte idéale dont les fortifications naturelles sont les obstacles que présente le pays, et la guerre offensive trouve de puissants appuis dans les ouvrages de fortification passagère. Il importe donc, dans un but d'intérêt général, que les officiers d'infanterie et de cavalerie, surtout les premiers, aient des notions exactes et complètes, non-seulement sur la fortification permanente, l'attaque et la défense des places, mais aussi sur la fortification passagère, la construction des ponts et des routes, la castramétation..., puisque, à défaut de troupes du génie, les troupes de ligne sont appelées à exécuter les travaux qui se rapportent à ces diverses branches de l'art de l'ingénieur militaire. Cet art ne fera d'ailleurs que gagner à l'initiation d'un plus grand nombre d'adeptes. Or, les connaissances enseignées sur ce sujet, aux élèves des écoles militaires par leurs professeurs, et aux sous-officiers des corps par les officiers chargés des écoles régimentaires, sont insuffisantes, et il est nécessaire que chaque officier les remplace plus tard lui-même, pendant les loisirs de garnison, par quelques études mûres et réfléchies. C'est assez dire que toute bibliothèque militaire prétendant au titre de complète, doit contenir, relativement à la science du Génie, outre les traités spéciaux destinés aux officiers du Génie, les meilleurs livres et manuels élémentaires, surtout ceux que la clarté de leur rédaction met à portée de toutes les intelligences. Je réclame donc les uns et les autres pour la composition de la *Bibliothèque militaire publique* dont je propose la création.

8. Infanterie.

Service intérieur et en campagne. — Grande tactique. — Tactique de détails. — Tir à la cible. — Exercices à feu. — Escrime au sabre, à l'épée, à la baïonnette. — Gymnastique. — Natation.

L'infanterie est l'arme par excellence, la seule qui puisse au besoin faire la guerre sans le secours des autres armes. Aussi la perfection de son instruction a-t-elle une haute importance. Le titre placé ci-dessus n'indique qu'un sommaire fort restreint de la science de cette arme, qui forme le huitième groupe de la science militaire dans ma classification, et ce sommaire ne se rapporte qu'à ce qu'on enseigne actuellement à l'infanterie. Je voudrais que, indépendamment de cet enseignement auquel je ne trouve rien à retrancher, on ajoutât quelque instruction *pratique* sur les travaux et les exercices des armes spéciales, par exemple sur l'exercice du canon et de la pompe, sur la confection des tranchées, sur l'établissement des ponts improvisés les plus simples (tels que ceux au moyen de chariots et de corps d'arbres), sur la construction des ouvrages de fortification passagère, etc. ; en un mot, je voudrais

que l'infanterie fût réellement exercée en temps de paix
à ce à quoi elle coopère en temps de guerre comme *auxi-
liaire*, parce que ce serait le meilleur moyen d'établir
d'une manière fixe et véritablement utile le caractère
d'universalité militaire qu'elle possède seule. Dans ce
but, les champs de manœuvre, affectés aux exercices
des régiments d'infanterie, deviendraient, à une de
leurs extrémités, un polygone où les soldats se livre-
raient successivement aux divers travaux spéciaux pré-
cités. Ces travaux auraient en outre l'avantage d'occuper encore quelques heures de la journée, et ce ne serait pas un mal, car, de toutes les armes, l'infanterie
est celle qui a le plus de loisirs.

Mais je me laisse entraîner trop loin, puisque les
réflexions qui précèdent reviennent uniquement à
prouver, comme celles du septième groupe, la nécessité d'introduire dans notre bibliothèque les ouvrages
élémentaires relatifs aux sciences des diverses armes
spéciales.

J'insisterai seulement, en terminant, sur l'utilité de
deux arts accessoires : la gymnastique et la natation,
qu'il est essentiel de développer dans l'armée française,
surtout parmi les fantassins. Ces arts sont d'autant
plus importants que très-souvent à la guerre on ne
doit son salut qu'à l'un ou à l'autre. Nous nous gar-
derons donc bien de négliger de placer sur les rayons
de notre bibliothèque les ouvrages qui traitent de ces
deux arts.

9. Ingénieurs-géographes.

Géodésie. — Topographie. — Géographie universelle, militaire et comparée. — Reconnaissances militaires. — Statistique. — Itinéraires. — Emploi des chemins de fer comme lignes stratégiques. — Cartes géographiques, topographiques, etc.

L'ordonnance du 22 février 1831, en réunissant le corps des ingénieurs-géographes au corps d'état-major, fit faire un pas rétrograde à l'art, car il est plus rationnel que ces deux corps existent séparés comme cela eut lieu de 1818 à 1831; et l'une des meilleures preuves à en donner, c'est que dans le corps d'état-major, tel qu'il est actuellement constitué, un certain nombre d'officiers s'adonne exclusivement au travail de la carte de France. C'est pourquoi j'ai isolé ce neuvième groupe.

La science des ingénieurs-géographes et ses branches accessoires, telles que la géodesie, la topographie, la géographie, la statistique, etc., ont une telle influence sur les opérations de la guerre qu'il faut que la *Bibliothèque militaire publique* contiennent les ouvrages qui y ont rapport, ainsi que les mémoires, les relations de voyages, les cartes de toute espèce, les plans, les dessins de reconnaissances, qui peuvent éclairer sur la configuration des différents pays dans lesquels on aura peut-être un jour à combattre. Dans tous les temps, en effet, nous voyons les plus grands succès ame-

nés par une consciencieuse étude préalable du champ
de bataille.

10. Jurisprudence.

*Droit des gens. — Droit public. — Droit civil. — Texte et
principaux commentaires des divers codes français.—Étude
comparée de la jurisprudence militaire des grandes puissances.—Conseils de discipline, conseils d'enquête, conseils de
guerre. — Conseils de révision. — Recrutement. — Servi-
tudes militaires.*

Une impérieuse nécessité impose ce dixième groupe.
D'une bonne jurisprudence militaire dépend en effet
le maintien de la discipline : or le moyen le plus ef-
ficace d'améliorer cette jurisprudence, c'est de mettre les militaires susceptibles de siéger comme juges
dans un conseil de guerre, à même d'étudier les lois
militaires de la France et d'éclairer leur conscience sur
l'échelle pénale à appliquer aux différents délits. J'a-
joute en témoignage de l'urgence de cette section de
la bibliothèque proposée, que nos écoles militaires ne
possèdent pas encore toutes un *Cours de droit militaire,*
ce qui est une véritable anomalie, puisque tous les officiers de l'armée peuvent être appelés à remplir les
fonctions de juges militaires.

11. Histoire.

*Histoire générale. — Histoire des grands hommes, des arts,
des sciences, des usages, mœurs et coutumes de tous les peu-*

ples anciens et modernes. — Histoire spéciale de l'art mili-
taire. — Histoire des guerres, des conquêtes, des invasions,
des retraites.—Mémoires militaires. —Relations d'actions
de guerres, de siéges, de batailles, de surprises, d'embusca-
des, etc.

« La conduite, les discours et les actions des prin-
« ces étaient pour moi une source inépuisable d'expé-
« riences. » Ainsi parlait *Tamerlan*, et son assertion
est pleinement confirmée par Napoléon, le plus grand
homme de guerre des temps modernes, et par le général Bardin, le militaire le plus érudit du xixe siècle.
Le premier a dit en effet dans ses *Mémoires* que la
« connaissance des hautes parties de la guerre ne
« s'acquiert que par l'expérience et par l'étude de
« l'histoire des guerres et des batailles des grands ca-
« pitaines, » et le second a posé comme précepte,
dans son *Dictionnaire de l'armée de terre* que « l'his-
« toire militaire doit être le catéchisme des généraux
« d'armée. » Tamerlan, Napoléon, Bardin, ne sont
au reste ici que les échos de Polybe, le plus profond des
historiens antiques, car on lit dans le seizième chapi-
tre du livre V de son *Histoire générale* le passage suivant : « On se donne beaucoup de peine, on fait de
grandes dépenses pour amasser des vivres et de l'argent, pour élever des murailles, pour avoir des armes;
et l'on néglige la connaissance de l'histoire, la plus ai-
sée de toutes à acquérir et qui fournit le plus de res-
sources dans les occasions fâcheuses. »

Ainsi, à toutes les époques, les hommes les plus éminents ont considéré l'étude de l'histoire comme une annexe indispensable de la science militaire. C'est en effet la seule étude qui puisse suppléer à l'expérience : c'est donc la plus précieuse pour un militaire. Je ne prétends pas dire que cette étude fera à elle seule un bon officier, un bon général, mais je crois qu'elle influera beaucoup sur le développement des talents naturels d'un homme de guerre. Pour pouvoir m'exprimer plus explicitement, je demande au lecteur la permission de faire une hypothèse. Je suppose qu'au moyen d'une analyse, malheureusement impossible, on soit parvenu à décomposer le faisceau des causes émanant de lui-même qui ont produit les gigantesques succès de l'empereur Napoléon ; j'admets que ce faisceau soit représenté par 1, et j'envisage trois causes uniques, son génie, son instruction militaire, ses connaissances historiques : suivant moi, on obtiendrait pour ces trois causes les coefficients ci-après :

Génie $\frac{1}{2}$,

Instruction militaire $\frac{1}{4}$,

Connaissances historiques $\frac{1}{4}$;

c'est-à-dire que, dans la production des exploits de ce grand homme, les méditations sur l'histoire avaient conquis une prépondérance qui balançait presque les étonnants résultats dus à sa profonde instruction dans l'art militaire. Je me hâte d'ajouter que $\frac{1}{4}$ me semble le maximum que puisse atteindre le coefficient de l'histoire, et que chez tout autre homme, moins heureusement doué que Napoléon , ce coefficient , ainsi que celui du génie , diminuerait de quantités dont s'accroîtrait le coefficient de l'instruction militaire.

Quoi qu'il en soit, l'utilité de l'histoire pour les militaires me paraît bien prouvée : il s'ensuit comme corollaire que ce onzième groupe devra tenir dans notre bibliothèque une place considérable. Le choix des livres qui le composeront demandera une grande circonspection ; car évidemment tous les ouvrages historiques ne sont pas des ouvrages d'histoire militaire par cela seul qu'ils contiennent des récits d'actions de guerre, ou, en d'autres termes par cela seul qu'ils sont écrits dans le système de l'*Histoire - bataille*, comme dirait M. *Monteil*. Au reste ce choix roulera sur des livres d'histoire de toutes les époques, aussi bien de l'antiquité et du moyen âge que des temps modernes ; mais il importe que ceux relatifs à ces derniers temps s'y trouvent en plus grand nombre. Et quant au lecteur qui douterait de l'opportunité qu'il peut y avoir à admettre dans une bibliothèque du genre de celle que nous proposons, des livres ayant trait à l'historique des guerres chez les anciens, je me bornerai, pour ne pas allonger inutilement ces pages, à le renvoyer à mes *Considérations sur l'art militaire antique*.

12. Sciences accessoires.

Éléments de mathématiques pures, d'astronomie, de physique, de chimie, d'histoire naturelle, d'agriculture, d'industrie, de diplomatie, d'économie politique, etc.

Comme un officier n'aura jamais besoin pour augmenter ses connaissances militaires d'approfondir ces diverses sciences accessoires , il suffira que notre bibliothèque en renferme les principaux traités élémentaires.

On remarquera que je ne comprends pas l'*étude des langues* parmi ces sciences accessoires : je suis en effet d'avis que celui qui veut se livrer à cette étude doit le faire chez lui, avec des livres lui appartenant en propre. Mais il est bien entendu que les ouvrages se rapportant à tous les autres groupes seront admis sur nos rayons, dans quelque langue qu'ils soient écrits.

13. Service de santé.

Hygiène du fantassin et du cavalier en garnison, en route et en campagne. — Hôpitaux. — Ambulances. — Infirmeries des casernes. — Guérison des blessures. — Opérations chirurgicales.

Rendre les soldats alertes et bien portants, c'est se

préparer des victoires. Cette réflexion démontre la véritable importance du service de santé, qui ne devrait pas être le partage exclusif des chirurgiens et médecins militaires, mais auquel il serait essentiel que les officiers de toutes les armes fussent initiés, surtout en ce qui concerne l'hygiène et le traitement des indispositions et blessures légères. C'est dans ce but que j'ai formulé ce treizième groupe.

14. Train des équipages.

Conduite des convois.

Ce service, généralement dédaigné, mérite cependant une scrupuleuse attention, à cause des immenses résultats que sa bonne ou sa mauvaise gestion peuvent entraîner en temps de guerre ; de plus il est susceptible de grands perfectionnements et peut aspirer, si l'on en posait sagement les règles, au rang d'art spécial. D'après ces considérations, je me suis décidé à former de lui seul un groupe de la science militaire.

Outre les ouvrages relatifs aux quatorze groupes de la classification précédente et à leurs subdivisions, dont nous n'avons énoncé que les principales, la *Bibliothèque militaire publique* devra contenir un cabinet de *Journaux militaires*, dans lequel seront principalement admis ceux de ces journaux qui, par le genre de leur rédaction, méritent d'être collectionnés. Tels sont par exemple : — en France, le *Spectateur militaire*, le *Journal des sciences militaires*, le *Journal des armes spéciales*; — en Angleterre, *United service journal* et *Professionnals papers of the corps of royal engineers*; — en Prusse, *Zeitschrift für Kunst Wissenschaft und Geschichte des Krieges*, Militair-Litteratur-Zeitung, *Archiv fur die Officiere der Koniglich-preussischen Artillerie und Ingenieur-Corps*; — en Russie, le Journal militaire et le Journal du Génie; — en Autriche, *OEstreichische militairische Zeitschrift*; — dans le grand-duché de Hesse-Darmstadt, *Allgemeine militair Zeitung*; — en Espagne, la *Revista militar* et le *Memorial de Ingenieros*; — en Hollande, le *Militaire spectator*, etc.

La lecture des journaux militaires étrangers peut avoir une grande influence sur les perfectionnements de notre science militaire, et c'est à ce titre surtout qu'elle doit être recommandée : les peuples étrangers savent si bien étudier ce qui concerne l'armée française, qu'il est urgent d'user de réciprocité, en nous tenant au courant de leur organisation militaire et des changements successifs qui y sont apportés.

Il nous reste, pour terminer ce paragraphe, à évaluer la dépense du matériel.

Le local ne serait pas difficile à trouver, car le gouvernement dispose d'assez de bâtiments inoccupés pour trouver un emplacement convenable pour la *B lio-*

thèque militaire publique. Il n'y aurait donc à dépenser que les frais d'appropriation et d'installation.

Quant aux livres, il ne faudrait, pour meubler la nouvelle bibliothèque, dépouiller aucune des bibliothèques existantes, ce qui est, sous tous les rapports, un très-mauvais procédé : on acquerrait donc les ouvrages nécessaires successivement, par achats et par donations, car, une fois qu'il existera une bibliothèque publique essentiellement militaire, gérée par les soins de membres de l'armée, nul doute que d'anciens militaires ne viennent augmenter ses richesses en lui léguant leurs bibliothèques particulières. Cependant, tout en admettant la possibilité de semblables éventualités, il ne faut pas y compter, surtout dans l'origine, et le mieux est de recourir aux achats. Pour parvenir assez promptement par ce moyen à garnir les rayons de la nouvelle bibliothèque d'un nombre de livres respectable, j'estime qu'il faudrait que l'État allouât, pendant les cinq premières années, 50,000 fr. par an pour le matériel de la bibliothèque, ces 50,000 fr. comprenant aussi bien les frais d'appropriation, d'installation et d'administration, que les frais d'acquisitions de livres. Après ce laps de cinq ans, cette allocation pourrait être réduite à 25,000 fr. par an, pendant dix ans; puis, à partir de la seizième année de la fondation, elle serait définitivement fixée à 15,000 fr. par an. Ces fonds suffiraient largement; car, s'ils étaient bien employés, je ne crois pas exagérer d'assurer que la *Bibliothèque militaire publique* devrait posséder, au commencement de la seizième année de son existence, environ 40,000 volumes (1).

----

(1) Voici le calcul approximatif qui me fait arriver à ce chiffre de 40,000 volumes.

Je demande, pour le matériel de la *Bibliothèque militaire publique*, une somme de 500,000 fr. pour les quinze premières années,

Savoir :
- 5 années à 50,000 fr. . . . . 250,000 fr.
- 10 années à 25,000 fr. 250,000

TOTAL DES RECETTES. . . 500,000 fr.

Cette somme de 500,000 francs peut être répartie comme *dépenses* de la manière suivante :

Premiers frais d'appropriation et d'installation. . . 40,000 fr.

Frais d'administration de 15 années, à raison de 4,000 fr. par an. 60,000

Frais d'achat de 40,000 volumes, à raison de 10 fr. l'un en moyenne. 400,000

TOTAL DES DÉPENSES. . . 500,000 fr.

§ IIe.

PERSONNEL.

Je voudrais que le personnel de la *Bibliothèque militaire publique* ne fût composée que de membres de l'armée en activité de service, qui ne rempliraient ces fonctions sédentaires que pendant un temps limité, fixé par les statuts d'organisation. Ce roulement aurait l'immense avantage de jeter dans les rangs actifs de l'armée des hommes ayant parfait leur instruction militaire pendant leur séjour à la *Bibliothèque militaire publique*, et par conséquent très-aptes à professer la science de la guerre dans les chefs-lieux de division ou dans les grands centres militaires. Les personnes qui partagent l'avis que tout professeur militaire, quel que soit le sujet de son enseignement, devrait être militaire, sauront apprécier cet avantage. Puis, le recrutement exclusif du personnel dans l'armée pourrait, si les choix étaient bien faits, amener à la bibliothèque des conservateurs connaissant à fond la bibliographie militaire, qui est très-minutieuse et difficile à bien posséder, surtout dans quelques parties spéciales, telles que la tactique, l'artillerie, la fortification : de cette façon, ce serait avec fruit que le public consulterait, pour se guider dans le labyrinthe de ses recherches, les conservateurs occupant le bureau.

Vingt personnes suffiraient pour le personnel, savoir:

    2 conservateurs, officiers supérieurs ;
    4 conservateurs-adjoints, capitaines ;
    8 employés, sous-officiers ;
    5 garçons de bureau,   } anciens militaires.
    1 portier-consigne,   }

Les officiers recevraient la solde de leur grade à Paris, qu'on peut évaluer, en moyenne et par an, à 6,500 fr. pour les officiers supérieurs, et 4,000 pour les capitaines ; les sous-officiers seraient payés à raison de 1,200 fr. par an chacun, tout compris ; les garçons de bureau et le portier-consigne auraient chacun 1,000 fr. par an : — ce qui porterait la dépense annuelle du personnel à environ 44,600 fr., soit en nombre rond 45,000 fr.

Je n'admets, ainsi qu'on vient de le voir, dans le personnel comme conservateurs, que des officiers ayant au moins rang de capitaines, et comme employés que des sous-officiers. J'exclus à dessein les lieutenants et sous-lieutenants, et cela pour deux motifs : le premier, qu'il est bon que, pendant ces grades, les officiers restent dans les régiments ; le second, que les sous-officiers

attachés à la *Bibliothèque militaire publique* y achève-
ront leur instruction et deviendront ainsi capables,
une fois qu'ils auront reçu l'épaulette, de poursuivre
dignement la vaste carrière qui attend l'officier intel-
ligent, brave et instruit.

La *Bibliothèque militaire publique* serait ouverte au
public de dix heures du matin à trois heures. Deux
conservateurs occuperaient continuellement le bureau
et recevraient les demandes : ils seraient secondés par
quatre employés et deux garçons de bureau. Le reste
du personnel vaquerait aux soins administratifs, à l'ac-
quisition, au classement et à l'entretien des livres et
manuscrits, aux recherches d'ouvrages rares, etc. Je
crois au surplus inutile de m'étendre plus amplement
sur les détails d'organisation de la *Bibliothèque militaire*, et parce que cette organisation ressemblerait
beaucoup à celle des bibliothèques publiques actuelles,
et parce que les indications contenues dans cet opuscule
suffisent, ce me semble, pour faire comprendre l'esprit dans lequel cette organisation devrait être conçue
lors de la fondation de l'établissement.

CONCLUSION.

Double but de la Bibliothèque militaire publique.

On a maintes fois proposé de créer des bibliothèques militaires, et tout récemment encore deux voix éloquentes se sont élevées à ce sujet, celles de M. le chef d'escadron *Ferdinand Durand* et de M. le lieutenant *Paul Mérat.*

Le premier, dans une remarquable étude, intitulée *De la nécessité de fonder des Bibliothèques militaires* et insérée en 1845 au *Spectateur militaire* (1), réclame la création de bibliothèques militaires stables, établies aux frais du budget dans les principales villes de garnison.

Le second voudrait au contraire que chaque régiment possédât une bibliothèque lui appartenant en propre, mobile comme lui, et acquise au moyen de

(1) Cahier de mai et septembre 1845.

retenues faites mensuellement sur les appointements de tous les officiers. Le travail consciencieux de M. *Mérat* a été publié en 1847 par le *Journal des sciences militaires* (1), sous le titre de *Projet et plan de Bibliothèques régimentaires.*

Ma proposition diffère essentiellement des projets de MM. *Ferdinand Durand* et *Paul Mérat* : je propose en effet la création à Paris d'une *Bibliothèque militaire publique*, administrée et gérée exclusivement par des militaires. L'introduction du présent écrit démontre la nécessité de cette création; le § Ier traite du matériel, et le § IIe du personnel de cette bibliothèque pour laquelle je demande les allocations portées ci-dessous :

Pendant les cinq premières années.   95,000 fr. par an.

Pendant les dix années suivantes. .   70,000   —

A partir de la seizième année. . .   60,000   —

Ces chiffres paraîtront peut-être trop élevés, mais que sont-ils par rapport au chiffre total du budget du ministère de la guerre, dont la *Bibliothèque militaire publique* dépendrait? Ne pourrait-on d'ailleurs trouver sur ce budget, au moyen d'économies, de quoi pourvoir aux dépenses annuelles que je demande? Et puis, que le lecteur veuille bien remarquer que le personnel entre dans ces dépenses pour 45,000 fr. par an, que ce personnel est peu nombreux, et que par suite il serait sans doute possible de l'obtenir, presque sans nouvelles dépenses, en diminuant d'un officier

---

(1) Numéros d'avril et août 1847.

le personnel de cinq ou six grands centres militaires.

J'ajoute, pour la décharge des dépenses indiquées précédemment, que sur les six conservateurs, trois devraient être chargés de faire des cours publics, sans que pour cela leur solde reçût aucune augmentation. Le seul surcroît de dépense occasionné par ces cours proviendrait de la mise en état, dans le bâtiment de la bibliothèque, d'une salle convenable et de son chauffage en hiver, mais cette dépense serait si minime que l'on trouverait à y faire face au moyen des frais généraux d'administration. La création de la *Bibliothèque militaire publique* aurait donc encore l'avantage de doter Paris de trois nouveaux cours publics et gratuits qui ne manqueraient pas d'auditeurs, si l'on y traitait les matières suivantes :

Histoire militaire,

Géographie et topographie militaires,

Jurisprudence militaire.

De cette manière la *Bibliothèque militaire* serait réellement un établissement d'utilité publique, qui ajouterait certainement à la juste considération dont jouit l'armée, tout en favorisant parmi ses membres le développement d'une saine instruction.

FIN.

TABLE DES MATIÈRES.

FIN DE LA TABLE DES MATIÈRES.

Typographie de H. V. de Surcy et Cie, rue de Sèvres, 57.

PUBLICATIONS RELATIVES A L'ARTILLERIE

en vente

A LA LIBRAIRIE MILITAIRE, MARITIME ET POLYTECHNIQUE

DE J. CORRÉARD, ÉDITEUR,

rue Christine, n° 1.

ARCY (le chevalier d'), membre de l'Académie royale des sciences. Mémoire sur la théorie de l'Artillerie ou sur les effets de la poudre et sur les conséquences qui en résultent par rapport aux armes à feu, avec planche, broch. in-8, 1846.   2 fr. 75.

BORDA (le chevalier de), membre de l'Académie des sciences. Mémoire sur la Courbe décrite par les boulets et les bombes en ayant égard à la résistance de l'air, avec planche, broch. in-8, 1846.   3 fr.

BORMANN, lieutenant-colonel d'artillerie, attaché à la maison militaire de S. M. le roi des Belges. Expériences sur les Shrapnels; Nouveaux développements sur les résultats obtenus en Belgique, broch. in-8, avec planches, 1848.   3 fr. 50

BORN, lieutenant-colonel d'artillerie. Comparaison des Avant-trains d'affût de campagne anglais et anglais modifié, considérés principalement sous le rapport des attelages, broch. in-8, 1834.   3 fr.

BRADDOCK, directeur des poudreries anglaises dans les Indes. Mémoire sur la Fabrication de la poudre à canon, traduit de l'anglais, et accompagné de notes et remarques, par Gabriel Salvador, capitaine d'artillerie, 1 vol in-8, 1848.   5 fr.

BURG, capitaine d'artillerie et professeur à l'École royale du génie et artillerie de Prusse. Traité du Dessin et lever du matériel de l'artillerie, ou application du dessin géométrique à la représentation graphique des bouches à feu, voitures, machines, etc., en usage dans l'artillerie, 2° édit. revue et augmentée, traduit par Rieffel, professeur de sciences appliquées à l'École d'artillerie de Vincennes, 1 vol. in-8, atlas, 1848.   30 fr.

BURG, capitaine d'artillerie, professeur à l'École royale du génie et d'artillerie de Prusse. Traité de Dessin géométrique ou Exposition complète de l'art du dessin linéaire, de la construction des ombres et du lavis, à l'usage des industriels, des savants et de ceux qui veulent s'instruire sans le secours de maîtres, 2° édition complétement refondue; traduit de l'allemand par le docteur Regnier, 2 vol. in-4, dont un de 30 planches, 1847.   25 fr.

CARRÉ. Expériences physiques sur la Réfraction des balles de mousquet dans l'eau et sur la résistance de ce fluide, broch. in-8, avec planche, 1846. 2 fr. 50

CHEVALIER. Des Effets de la poudre à canon, principalement dans les mines, broch. in-8, 1846.   2 fr.

COLLECTION de Plans généraux d'ensemble et de détail, représentant les bâtiments, machines, appareils et outils actuellement employés dans les fonderies de la marine royale à Ruelle et Saint-Gervais. Publication faite avec l'autorisation du ministre de la marine et des colonies, atlas grand in-fol. cartonné, 1842.   30 fr.

COQUILHAT, capitaine d'artillerie. Expériences sur la résistance produite dans le forage des bouches à feu faites à la fonderie de canons, à Liége, en 1840 et 1841, broch. in-8, avec planches, 1843. 3 fr. 50

COQUILHAT, capitaine d'artillerie. De la Quantité de travail absorbée par les frottements dans le forage des bouches à feu à la fonderie royale de canons de Liége, broch. in-8, 1847. 1 fr. 50

CORDA (le baron). Mémoires sur le Service de l'artillerie, spécialement sur le meilleur mode de chargement des bouches à feu, avec planches, 1 vol. in-8, 1845. 7 fr. 50

CORNULIER (M.-E.), lieutenant de vaisseau. Mémoires sur la Pointage des mortiers à la mer, et sur les améliorations du système des hausses marines, avec planches, brochure in-8, 1841. 3 fr.

CORNULIER (M.-E.), lieutenant de vaisseau. Propositions et Expériences relatives au pointage des bouches à feu en usage dans l'artillerie navale, avec planches, 1 vol. in-8, 1843. 7 fr. 50

CORRÉARD (J.), ancien ingénieur. Histoire des Fusées de guerre, ou recueil de tout ce qui a été publié ou écrit sur ce projectile, suivie de la description et de l'emploi des obus à mitraille dits Shrapnels, et des balles incendiaires, 1 vol. in-8, avec atlas, 1841. 15 fr.

COURS sur le Service des officiers d'artillerie dans les fonderies, approuvé par le ministre secrétaire d'État de la guerre, le 16 octobre 1839, 1 vol. in-8, et atlas, 1841. 15 fr.

COURS sur le Service des officiers d'artillerie dans les forges, approuvé par le ministre de la guerre, le 3 août 1837, deuxième édition, revue et considérablement augmentée, 1 vol. in-8, et atlas, 1846. 15 fr.

DECKER. Expériences sur les Shrapnels faites chez la plupart des puissances de l'Europe, accompagnées d'observations sur l'emploi de ce projectile. Ouvrage traduit de l'allemand et notablement augmenté par Terquem, professeur aux écoles royales d'artillerie, bibliothécaire du dépôt central d'artillerie, et Favé, capitaine d'artillerie, 1 vol. in-8, avec 4 planches, 1847. 8 fr.

DOCUMENTS relatifs à l'emploi de l'Électricité, pour mettre le feu aux fourneaux des mines, et à la démolition des navires sous l'eau, broch. in-8, avec planche, 1841. 3 fr.

DU HAMEL. Expériences sur quelques Effets de la poudre à canon, brochure in-8, avec planch., 1846. 2 fr. 50

DUPUGET. De la Construction des batteries dans la pratique de la guerre, avec une Notice de M. Favé, capitaine d'artillerie, auteur du Nouveau système de défense des places fortes, etc., broch. in-8, 1846. 2 fr.

DUSAERT (Édouard), capitaine d'artillerie, ancien élève de l'École polytechnique. Essai sur les Obusiers, 1 vol. in-8, 1843. 7 fr. 50

EXPÉRIENCES auxquelles ont été soumis en 1835, à bord de la frégate *la Dryade*, divers objets relatifs à l'artillerie, broch. in-8, 1837. 2 fr. 50

EXPÉRIENCES comparatives faites à Brest et à Lorient en 1840, sur les pitons à fourches et les crampes avec manilles, broch. in-8, 1841. 3 fr.

EXPÉRIENCES comparatives faites à Gavre, en 1836, entre des bouches à feu en fonte de fer d'origines française, anglaise et suédoise, avec tableaux et dessins, broch. in-8, 1837. 5 fr.

EXPÉRIENCES d'Artillerie exécutées à Gavre par ordre du ministre de la marine, pendant les années 1830, 1831, 1832, 1834, 1835, 1836, 1837, 1838 et 1840, 1 vol. in-4, avec planches, 1841. 10 fr.

EXPÉRIENCES (suite des) d'Artillerie exécutées à Gavre par ordre du ministre de la marine. Recherches expérimentales sur les déviations des projectiles. Ce rapport est suivi d'un Mémoire sur les déviations moyennes des projectiles, 1 vol. in-4, 1844. 6 fr.

EXPÉRIENCES d'Artillerie exécutées à Lorient à l'aide des pendules balistiques par ordre du ministre de la marine, 1 vol. in-4, avec tableaux, 1847. 8 fr.

EXPÉRIENCES faites à Brest, en janvier 1824, du nouveau système de Forces navales proposé par M. Paixhans, chef de bataillon d'artillerie de terre; suivies des Expériences comparatives des canons de 80 avec ceux de 36 et 24, et caronades de ces deux derniers calibres, exécutées en vertu d'une dépêche ministérielle en date du 10 août 1824; la première en rade de Brest, sur un ponton servant de batterie, et la deuxième sur une batterie installée à terre pour cet effet, broch. in-8, 1837. 3 fr.

EXPÉRIENCES faites à Esquerdes en 1834 et 1835, entre les Poudres fabriquées par les meules et les poudres fabriquées par les pilons; en conséquence des ordres de M. le lieutenant-général vicomte Tirlet, inspecteur général d'artillerie, broch. in-8, 1839. 2 fr. 75

EXPÉRIENCES sur différentes espèces de Projectiles creux, faites dans les ports en 1829, 1831 et 1833, broch. in-8, avec un grand nombre de tableaux, 1837. 5 fr.

EXPÉRIENCES sur les Poudres de guerre, faites à Esquerdes, dans les années 1832, 1833, 1834 et 1835, suivies de notices sur les Pendules balistiques et les pendules-canons, avec figures et tableaux, broch. in-8, 1837. 5 fr.

GRŒVENITZ (Henning-Frédéric de). Mémoire sur la Trajectoire des projectiles de l'artillerie, suivi de Tables et de Règles pratiques pour la détermination des portées. Traduit par Rieffel, professeur à l'École d'artillerie de Vincennes, broch. in-8, 1845. 4 fr.

GRIFFITHS, capitaine en retraite du corps royal d'artillerie anglaise. Manuel de l'Artilleur anglais, 3e édition, publiée par ordre du gouvernement, traduit de l'anglais par Rieffel, professeur de sciences appliquées à l'École d'artillerie de Vincennes, 1 vol. in-8, avec planches, 1848. 12 fr.

HOMILIUS, lieutenant-colonel d'artillerie saxonne. Cours sur la construction et la fabrication des armes à feu, traduit de l'allemand par Lenglier, capitaine d'artillerie, 1 vol. in-8, avec planches, 1848. 7 fr. 50

INSTRUCTION sur le pointage des bouches à feu, à l'usage des sous-officiers de l'artillerie de la marine, avec Tables supplémentaires pour le tir du canon de 12 court et des obusiers de 0 mètre 22 cent., et 0 mètre 27 cent., broch. in-12, 1844. 1 fr.

LAMBERT. Mémoire sur la résistance des fluides, avec la solution du problème balistique, 1 vol. in-8, avec planche, 1846. 7 fr. 50

LEGENDRE, ancien professeur de mathématiques à l'École royale militaire de Paris, et, depuis, membre de l'académie des sciences de France, etc., etc. Dissertation sur la question de Balistique. proposée par l'académie royale des sciences et belles-lettres de Prusse, pour le prix de 1782, lequel a été adjugé à l'auteur dans l'assemblée publique du 6 juin, 1 vol. in-8, avec planche, 1846. 7 fr. 50

MARTIN DE BRETTES. Études sur les fusées de projectiles creux, 1 vol. in-8, 1849. 3 fr.

MÉMOIRE sur le Jet des bombes, ou, en général, sur la projection des corps, broch. in-8, 1846. 2 fr.

MORDECAI (Alfred), capitaine de l'artillerie américaine. Expériences sur les Poudres de guerre faites à l'arsenal de Washington, en 1843 et 1844, publiées avec l'autorisation du gouvernement; traduites de l'anglais par Rieffel, professeur de sciences appliquées à l'École d'artillerie de Vincennes, 1 vol. in-8, avec planches, en deux livraisons, 1846. 20 fr.

OTTO (J.-C.-F.), capitaine dans l'artillerie de la garde royale de Prusse. Théorie mathématique du Tir à ricochet, suivie de Tables pour l'application de ce tir, 1833; traduit de l'allemand par Rieffel, professeur à l'École d'artillerie de Vincennes, 1 vol. in-8, 1845. 6 fr.

OTTO (J.-C.-F.), capitaine dans l'artillerie de la garde royale de Prusse. Tables balistiques générales pour le Tir élevé; traduit de l'allemand par Rieffel, professeur à l'École royale d'artillerie de Vincennes, 1 vol. in-8, 1845. 7 fr. 50

RESSONS (de), Méthode pour tirer les bombes avec succès, broch. in-8, 1846, 2 fr.

RIEFFEL, professeur aux écoles d'artillerie. Description et usage du Télégoniomètre, instrument proposé pour la mesure des angles et des distances à la guerre, avec planche, broch. in-8, 1838. 2 fr. 75

ROCHE (A.), professeur aux écoles d'artillerie de la marine. Traité de Balistique appliquée à l'artillerie navale, avec planches, 1re partie, in-8, 1841. 5 fr.

SIMMONS (T.-F.), capitaine de l'artillerie royale anglaise. Considérations sur les Effets de la grosse artillerie employée par les vaisseaux de guerre et dirigée contre eux, spécialement en ce qui concerne l'emploi des boulets creux et des bombes; traduit par E. J., avec 3 planches, 1 vol. in-8, 1846. 7 fr. 50

SIMMONS (T.-F.), capitaine de l'artillerie royale anglaise. Considérations sur l'Armement actuel de notre marine. Supplément aux considérations sur les Effets de la grosse artillerie employée par les vaisseaux de guerre et dirigée contre eux; traduit par E.-J., broch. in-8, 1846. 3 fr.

SPLINGARD, capitaine d'artillerie belge. Notice sur une Fusée Shrapnel, broch. in-8, avec planche, 1848. 2 fr.

TABLES du tir des bouches à feu de l'artillerie navale, déduites des expériences de Gavre, et publiées par ordre du ministre de la marine, broch. in-8, 1841. 75 c.

TARTAGLIA (Nicolas), La Balistique, ou Recueil de tout ce que l'auteur a écrit touchant le mouvement des projectiles et les questions qui s'y rattachent, composé des deux livres de la Science nouvelle (ouvrage publié pour la première fois en 1537), et des trois premiers livres des recherches et des Inventions nouvelles (ouvrage publié pour la première fois en 1546); traduit de l'italien avec quelques annotations, par Rieffel, professeur à l'École d'artillerie de Vincennes, avec planches, 2 parties in-8, 1845-1846. 11 fr. 50

THIERRY (A.) chef d'escadron d'artillerie. Applications du fer aux constructions de l'artillerie; seconde partie, 1 vol. in-4, avec atlas in-fol., 1841. 20 fr.

TREADWELL. Notice succincte sur un canon perfectionné et sur les procédés mécaniques employés à sa fabrication; traduite de l'anglais par M. Rieffel, professeur de sciences appliquées à l'École d'artillerie de Vincennes, in-8, 1848. 2 fr.

ZÉNI et DESHAYS, officiers supérieurs d'artillerie de la marine française, voyageant en Angleterre par ordre. Renseignements sur le Matériel de l'artillerie navale de la Grande-Bretagne, et les fabrications qui s'y rattachent, recueillis en 1835; publication faite avec l'agrément du ministre de la marine et des colonies, 1 vol. in-4, avec atlas in-fol., 1840. 30 fr.

www.ingramcontent.com/pod-product-compliance
Ingram Content Group UK Ltd.
Pitfield, Milton Keynes, MK11 3LW, UK
UKHW022215070726
13613UKWH00004B/1667